SOCIÉTÉ

DES

AGRICULTEURS DE FRANCE

1, rue Lepelletier, 1

RAPPORT

De M. MARC DE HAUT

SUR LES TARIFS DE DOUANE

Conclusions votées par la Société des Agriculteurs
de France durant sa Session de 1880

(Extrait de la GAZETTE AGRICOLE du 15 février 1880)

PARIS

IMPRIMERIE CENTRALE DES CHEMINS DE FER

A. CHAIX ET Cie

RUE BERGÈRE, 20, PRÈS DU BOULEVARD MONTMARTRE

1880

SOCIÉTÉ

DES

AGRICULTEURS DE FRANCE

1, rue Lepelletier, 1

RAPPORT

DE M. MARC DE HAUT

SUR LES TARIFS DE DOUANE

Conclusions votées par la Société des Agriculteurs
de France durant sa Session de 1880

(Extrait de la GAZETTE AGRICOLE du 15 février 1880)

PARIS

IMPRIMERIE CENTRALE DES CHEMINS DE FER

A. CHAIX ET Cie

RUE BERGÈRE, 20, PRÈS DU BOULEVARD MONTMARTRE

1880

RAPPORT

De M. MARC DE HAUT

SUR LES TARIFS DE DOUANE

Conclusions votées par la Société des Agriculteurs
de France durant sa session de 1880

Messieurs,

Dans notre dernière session, nous avons discuté
longuement, d'une façon approfondie, les questions
qui pouvaient se rapporter au tarif général de douane.
Vous n'avez pas perdu le souvenir de cette discussion,
car, elle a amené dans notre enceinte modeste des
orateurs habitués à d'autres tribunes. A la suite de
cette discussion, la société des Agriculteurs de France
a voté les trois résolutions suivantes :

1° Que, dans le tarif général présenté aux Chambres, les intérêts de l'agriculture et de l'industrie fus-
sent réglés en vertu des mêmes principes;

2° Que, pour les droits à inscrire à ce tarif, il
fût tenu compte des conditions financières et économiques auxquelles sont soumises les objets tarifés,
ainsi que de l'influence du drawback, quand il y
en a, sur la concurrence faite par ces objets à
ceux de notre production nationale;

3° Enfin, que la réciprocité fût la base des traités de commerce à intervenir.

Voilà les trois réso'utions que vous avez votées l'année dernière. Nous venons aujourd'hui, au nom de votre ancienne commission et de votre bureau, vous demander de renouveler ces vœux avec une légère addition dont je vous rendrai compte quand, dans ma discussion, le moment se présentera.

Le but du rapport que nous vous présentons n'est pas, messieurs, de rentrer dans le fond de la discussion sur laquelle nous avons à peu près dit, l'année dernière, ce que nous avions à dire ; mais, ce que je me propose, aujourd'hui, devant vous, c'est de parcourir tous les faits qui se sont produits depuis nos dernières résolutions et de rechercher si, dans les faits économiques, dans les renseignements qui nous sont parvenus, dans tout ce qui s'est passé autour de nous, nous trouvons quelque raison, soit de maintenir, soit de modifier nos résolutions de l'année dernière.

Je commence donc cette revue. Très peu de temps après la réunion de notre société, beaucoup d'autres réunions ont eu lieu même ici. Vous vous rappelez qu'il existait alors un certain mouvement dans le monde agricole et que beaucoup de sociétés, qui ne s'étaient pas cru suffisamment représentées dans nos réunions de l'année dernière, ont cherché à se produire et à donner un libre essor à leur pensée ; il y a eu, notamment, une grande réunion, qui s'est tenue sous l'impulsion de M. Estancelin, représentant de la Normandie, et, ici même, beaucoup d'entre vous faisaient partie de cette réunion ; il en est sorti des décisions qui, sauf quelques modifications dans la rédaction, n'étaient autre chose que les mêmes vues que nous avions émises, c'est-à dire les mêmes aspirations vers une situation qui nous permît de sortir du marasme où nous sommes.

Ce n'est pas seulement cette réunion, mais nous pouvons dire qu'en dehors d'elle, il s'est produit dans toute la France d'autres manifestations, qui toutes conspirent dans le même but.

Messieurs les agriculteurs avaient-ils tort ou raison? Je crois qu'ils avaient une très grande raison, car, quand l'agriculture s'endort, ses adversaires, je n'ose pas dire ses ennemis, savent en profiter; puis, quelques années s'écoulent, et l'on vient nous jeter à la tête notre inertie, notre mollesse.

Je trouve dans le rapport qui a été présenté à la Chambre des députés sur cette question ce passage, que je signale à l'attention de tous les agriculteurs :

L'agriculture alors était dans une situation relativement prospère, et, consciemment ou inconsciemment, elle laissa faire; elle n'avait à lutter qu'avec des voisins qui étaient soumis aux mêmes charges, elle pensait n'avoir rien à craindre de la concurrence étrangère, et dans certaines régions, même, elle avait cru que les traités de commerce de 1860 ouvriraient un plus large débouché à ses produits.

C'est ce qui explique pourquoi elle accepta ce quasi libre-échange lorsque d'autres industries continuaient à être protégées.

Ainsi, nous n'avons rien dit en 18F0 ; nous avons fait un peu comme ces excellents animaux avec lesquels nous vivons ; excellents moutons, nous avons laissé faire, et, après dix-huit ans, on nous dit que nous avons agi insconsciemment. Dans ce passage du rapport de M. Drumel, que j'étais bien aise de mettre sous vos yeux, il est lit par un député : Que l'agriculture songe bien qu'elle a ses affaires dans ses mains, n'et que si elle ne les fait pas elle-même il y en aura pas d'autres qui se chargeront de les faire pour elle.

Toutes nos décisions qui avaient été prises, soit ici, dans nos délibérations del'année dernière, soit dans d'autres réunions, ont été portées devant la commision parlementaire du tarif de douane. Nous avons été entendus et, je puis le dire, écoutés avec sympathie; pour tout ce qui venait de la société des Agriculteurs de France, pendant trois séances, la commission parlementaire a bien voulu nous écouter. Nous espérons avoir porté devant elle exactement votre pensée. Vous avez reçu, je crois, l'ensemble de ces dépositions. Je puis ajouter que dans le rapport de M. Drumel, dont je vous ai cité quelques passages, toutes les dépositions d'où qu'elles soient venues, de nous ou des autres sociétés, tout cela a été parfaitement analysé et reproduit. Nous croyons donc, sur ce point, avoir rempli notre devoir.

Il existait, ainsi que j'avais l'honneur de vous le dire, un certain mouvement très heureux dans l'agriculture, ce mouvement avait fait une certaine impression sur le gouvernement ; cette première impression s'est manifestée par une lettre que M. le ministre du commerce et de l'agriculture a adressé à la société nationale d'agriculture.

Tout ce qui s'était produit jusqu'alors était le résultat du mouvement spontané, de l'initiative privée des sociétés agricoles, dont nous sommes la plus importante, mais tout cela restait dans le domaine des associations privées. M. le ministre a cru qu'il était opportun de s'adresser à la société nationale d'Agriculture qui, pour lui, représente un corps officiel, tandis que s'il s'agit des autres sociétés, quand elles se présentent devant lui, il a peut-être, je ne dirai pas le droit, mais peut-être une raison de leur dire : je ne vous connais pas ; il s'est donc adressé à la seule société qu'il connût et il lui a demandé de répondre à un certain nombre de questions.

Ici nous touchons à quelque chose d'officiel qui a été provoqué par l'administration elle-même, à quelque chose qui devrait, je suppose, avoir une certaine influence sur les conseils du gouvernement et sur les décisions des Chambres, et je vous demande la permission d'insister sur ce fait, sur cet acte administratif qui est le premier qui se soit produit en ce qui nous concerne.

Voici ce que disait M. le ministre du Commerce, s'adressant à la société nationale d'Agriculture :

Paris, le 7 avril 1879.

Monsieur le président,

Il s'est produit, dans ces derniers temps, parmi les personnes qui s'adonnent à la pratique de l'agriculture, une agitation qui a vivement éveillé l'attention du gouvernement de la République. Les esprits sont-ils émus par un ensemble de faits auxquels il faudrait attribuer pour l'avenir un caractère permanent ou par des évènements purement exceptionnels ?

Ces deux opinions partagent les législateurs et les économistes, comme les agriculteurs eux-mêmes, et il importe au gouvernement d'avoir sur ce sujet des renseignements précis.

Comme ministre de l'agriculture, j'ai le devoir de rechercher les causes qui provoquent les plaintes des cultivateurs et, pour atteindre ce but, de poursuivre une enquête approfondie auprès des personnes le mieux en situation d'éclairer les pouvoirs publics sur le véritable état des choses.

C'est à ce titre que je m'adresse, aujourd'hui, à la Société nationale d'Agriculture de France, c'est-à-dire à l'un des organes les plus autorisés de l'industrie agricole. Par les savants qu'elle compte dans son sein, par les nombreux correspondants qu'elle possède dans toutes les parties de la France, cette compagnie est parfaitement à même d'éclairer le gouvernement sur la grave question dont il s'agit.

J'ai donc l'honneur de vous prier, monsieur le Président, de saisir votre Société du questionnaire suivant, en la priant de vouloir bien m'adresser un rapport contenant les réponses aux diverses propositions qui se trouvent consignées ci-dessous.

Vous voyez, messieurs, que nous nous trouvons en face de quelque chose de grave. Voici le ministre qui nous dit qu'il s'est fait du bruit dans l'agriculture, mais qu'il ne connaît qu'un organe chargé officiellement de dire ses besoins ; cet organe, c'est la société centrale d'Agriculture et il la consulte. Elle est composée des membres les plus éminents ; on va faire une enquête et c'est entre ses mains qu'on remet le soin de faire cette enquête.

Eh bien, messieurs, cette enquête a été faite, la

voici, elle est dans ce volume, je ne sais pas si beaucoup d'entre vous ont ce volume entre les mains ; mais enfin, la voilà cette enquête, je la recommande à tous ceux d'entre vous qui portent à ces questions un intérêt soutenu ; elle mérite d'être consultée. Quant à moi, je l'ai analysée avec le plus grand soin, et le résultat de cette analyse, je vais vous le donner :

Quatre-vingt-huit correspondants choisis par la société nationale d'Agriculture, je ne dis pas au point de vue spécial de l'enquête, mais choisis par la société comme étant seu'ement ses correspondants et, au point de vue élevé où cette société est placée, je puis dire qu'il n'y a peut-être pas une seule personne d'entre nous qui ne se trouve très honorée d'en être le correspondant et qui ne sollicite cette situation. Eh bien ! ces quatre-vingt-huit correspondants choisis parmi les hommes les plus éminents, ces quatre-vingt-huit correspondants consultés sur les besoins de l'agriculture et chargés de rapporter à Paris le résultat de leur méditation, voici leur réponse :

Cinquante ont adhéré à toutes les idées et solutions adoptées dans cette enceinte. Sur quatre-vingt-huit, cinquante reproduisent presque textuellement le texte de nos délibérations et ce n'était pas de nous dont ils étaient les correspondants, mais bien de la société nationale d'Agriculture.

Vingt-cinq reproduisent les mêmes doléances, les mêmes plaintes, mais, quand il s'agit d'arriver aux conclusions, ils s'arrêtent. Quelques-uns disent: *par prudence.* Après avoir posé les prémisses ils ne donnent pas les conclusions qu'il est cependant facile d'en tirer.

Enfin, messieurs, treize membres, sur les quatre-vingt-huit, repoussent nos conclusions et développent leurs idées dans un sens contraire.

Tel est le résultat de l'enquête officielle provoquée par M. le ministre de l'agriculture. Ces quatre-vingt-huit dépositions, encore une fois, je les recommande à vos méditations, à votre lecture pour les conséquences que nous devrons en tirer.

Cette enquête est ensuite arrivée devant la société nationale d'Agriculture ; c'est à elle à en tirer les conséquences, à dire ce qu'elle pense ; elle est en train de faire son travail, deux séances déjà y ont été consacrées et la plus décisive approche.

Que sortira-t-il de ces trois séances ? Mon Dieu, nous sommes comme dans une fournaise et tous les fourneaux sont en feu. Nous savons déjà ce qui est sorti des deux premières séances ; plus tard, je vous le dirai ; ce qui est certain, c'est que de l'enquête il est sorti le résultat que je viens de vous indiquer. (Applaudissements.)

En même temps que se poursuivait cette enquête en France, nous avions une grande préoccupation, c'était de tâcher de savoir la vérité sur ce qui se passait en dehors du pays et surtout en Amérique, car, il ne faut pas se le dissimuler, c'est là qu'est le danger ; c'est là qu'il faut étudier encore et toujours et, comme le disait Voltaire, ce qu'il faut lire avant tout, ce sont les pièces du dossier de son adversaire ; tous nos efforts ont donc été pour tâcher de découvrir ce qui se passait en Amérique... (Bruit. — Quelques personnes, dans le fond de la salle, prononcent des paro'es qu'on n'entend pas parfaitement.)

Nous aurions voulu y envoyer des délégués ; pour des raisons dans l'explication desquelles il n'est pas nécessaire d'entrer, nous n'avons pu le faire.

Nous avions pensé que le Gouvernement le ferait peut-être ; il ne l'a pas fait. Ce que n'a pas fait l'initiative gouvernementale, l'initiative privée l'a fait ; une preuve de plus, que nous pouvons toujours trouver parmi nous, soit les uns, soit les autres, des hommes de bonne volonté qui, poussés par le désir de bien faire, de s'éclairer ou d'éclairer les autres, arrivent au résultat qu'on sollicite quelquefois en vain d'actions plus puissantes et plus concentrées.

Il a paru, il y a quelque temps, un mémoire très remarquable; — quand je dis un mémoire, le mot n'est peut-être pas assez exact. — C'est un livre plutôt, un livre sur l'état de l'agriculture américaine; ce livre, plusieurs d'entre vous l'ont peut-être déjà lu et j'engage tous ceux qui ne l'ont pas fait à se rendre compte de cette publication; elle est de M. Ronna; je puis en faire l'éloge d'une façon d'autant plus désintéressée que, je dois le dire, ses conclusions n'arrivent pas en harmonie avec les nôtres; mais il faut reconnaître qu'il y a, dans tout le commencement de ce rapport, des faits, des chiffres, des analyses dans lesquelles tout le monde peut puiser des renseignements; il ne conclut pas comme nous. Mais voyez les faits qu'il vous signale.

Eh bien, messieurs, c'est effrayant ce qu'il nous dit ! Tout ce que vous avez entendu raconter sur la production américaine, tout ce qui était encore à l'état vague, tout cela est condensé là dans ce livre, avec des documents officiels, avec des chiffres; il en résulte que tandis que la population américaine s'accroît dans une minime proportion comparativement à sa production, la production au contraire, se développe dans des proportions fabuleuses. Je ne veux pas lire des chiffres, il y a dans ce livre des tableaux de vingt-cinq colonnes, qu'il nous serait impossible de suivre, mais je prends le sommaire, je vous adjure de le lire.

Eh bien, il en résulte ceci, c'est que la production américaine augmente dans des proportions incroyables, tandis que sa population n'augmente que dans des proportions beaucoup moindres.

Ces tableaux de chiffres se trouvent d'ailleurs reproduits dans le rapport de M. Drumel.

Quelle est la conséquence forcée de cette situation ? Quand vous avez un pays dont la consommation augmente comme deux et dont la production augmente comme dix, il y a une différence entre deux et dix, c'est-à-dire huit, qui va à l'exportation, et quand ce pays, ce producteur ainsi exportateur par la force des choses, quand ce pays est votre concurrent, je vous laisse à tirer les conséquences; il faut bien qu'il exporte ce surplus et il le fera partout où il le pourra.

Il y a un tel excédent de production en Amérique que, pour le maïs, par exemple, il y a des contrées qui en produisent une si grande quantité que dans les pays où il n'y a pas de bois on se chauffe avec du maïs et certes, si on le brûle, c'est qu'il y en a quatre fois plus que la consommation locale, et l'exportation n'en peuvent absorber. Vous vous trouvez donc en face de ce continent qui est quelque chose de formidable; de ce continent qui presque chaque année inscrit un Etat nouveau sur sa liste déjà longue, de ce continent qui promène sur les mers cette marine marchande dont le développement s'accroît de jour en jour. Vous savez que l'Amérique ajoute une étoile de plus à son pavillon chaque fois qu'elle crée un nouvel Etat, eh bien, en moins de quelques années on ne reconnaîtra plus la couleur de ce pavillon tant les étoiles se sont déjà multipliées.

Nous nous trouvons donc en face de ce continent. On a dit : « Tant mieux si l'Amérique est couverte de marchandises si nombreuses; quand nous aurons besoin de produits étrangers, c'est elle qui nous les apportera. » Vous le connaissez ce raisonnement. Eh bien, ce continent a fait un autre raisonnement, il a dit: « Voilà cinquante ans depuis mon émancipation, que je vis sur les produits étrangers; non! non! je les ferai moi-même. » Il a fermé sa porte, et depuis quinze ans, il a si bien travaillé que non seulement il vous menace de vous envahir avec ses matières premières, mais même avec ses produits manufacturés.

Eh bien, il faut regarder en face ce continent; de ce que j'ai vu, je vais vous en donner ici un petit échantillon. Permettez-moi de vous citer quelques lignes du mémoire de M. Ronna, quelques lignes qui vous donneront une idée de ce qu'il y a de puissance exportative dans ce continent.

M. Ronna décrit la manière dont le blé se transporte des points les plus éloignés de production, comme qui dirait de la Russie au Havre, comment on les embarque pour vous les envoyer; or, ne perdons pas de vue que les Américains sont des hommes pratiques, qui ne font pas des installations pareilles, seulement pour avoir des médailles dans un concours (bravo!) mais surtout pour faire du commerce. Voici la description de leur installation pour transporter leurs blés; cela vaut mieux qu'un tableau de chiffres parce qu'on peut en tirer de suite toutes les conséquences.

Voici donc ce que dit M. Ronna dans son livre *Le Blé aux Etats-Unis d'Amérique*, à l'article : *Elévateurs de grains*, et certes ce n'est pas un protectionniste, bien au contraire (Rires).

Les compagnies du Central-New-York, à New-York même; du chemin Erié et des chemins de Pensylvanie, à New-Jersey-City et à Canton, près de Baltimore; du chemin de Philadelphie à Reading, dans les dépôts de Willow-Street et de Port-Richmond, sur la Delaware; du chemin de Chicago à Saint-Paul, dans la gare de Milvankee, ont construit, dans ces dernières années, des magasins énormes, avec élévateurs à vapeur, pour la manutention spéciale des grains.

L'établissement de la compagnie New-York dans son débarcadère de la 59me avenue, est fondé sur pilotis dans la rivière Hudson, de manière à pouvoir être abordé par des navires calant jusqu'à 7 mètres. Deux vastes magasins, capables de renfermer jusqu'à 400,000 hectolitres, mesurant 90 mètres de longueur, 30 mètres de largeur et 46 mètres de hauteur, renferment chacun plus de 100 coffres. Chaque coffre, de 15 à 17 mètres de hauteur sur 1 m. 15 c. carrés, contient de 1,800 à 2,400 hectolitres. Vingt élévateurs puisent simultanément, s'il y a lieu, dans les wagons ou les chalands pour alimenter les coffres. Une machine à vapeur de 760 chevaux par un arbre unique, fait mouvoir le mécanisme installé à la partie supérieure des bâtiments.

Le blé et le maïs que New-York reçoit pour en réexpédier plus de la moitié en Europe, viennent d'une distance comprise entre 1,700 et 2,400 kilomètres à l'Ouest. Les wagons, d'une contenance de 145 à 180 hectolitres pèsent de 10 à 12 tonnes chacun.

. . . .

En huit heures, un grand navire peut recevoir ainsi sa cargaison de 22,000 à 25,000 hectolitres. On cite un steamer ayant pris sa charge de fret, 33,000 hectolitres, en une journée.

Est-ce que vous croyez qu'on fait ces dépenses pour ne pas s'en servir? Est-ce que vous croyez qu'il n'y a rien derrière ces appareils qu'on vous signale? Croyez bien qu'on ne fait cela qu'à bon escient et que ces 33,000 hectolitres de blés chargés dans une journée, dans huit jours, ils seront au Havre.

Voilà l'enquête; vous en tirerez les conséquences. La voilà donnée par un homme consciencieux, un travailleur remarquable qui a fait son travail dans des convictions qui ne sont pas les nôtres et qui, par conséquent, n'est pas suspect, et il l'est si peu que, rendant hommage à son travail, dans sa dernière séance, votre conseil lui a décerné une médaille d'or. (Très bien! Applaudissements.)

Je dis une médaille d'or pour son travail, mais pas pour ses conclusions. (Rires.)

Messieurs, pendant que nous n'envoyions pas de délégués en Amérique, l'Angleterre en envoyait. Deux membres du Parlement ont été chargés officiellement, à la suite d'un vote émis par le Parlement, d'aller faire une enquête en Amérique, pour établir quelle est la situation de son agriculture.

Ne perdons pas de vue que nos souffrances ne sont pas les seules; nous n'en avons pas le monopole, et l'Angleterre souffre peut-être autant sinon plus que nous. Ces souffrances de l'Angleterre se sont manifestées par des plaintes déposées au Parlement. Une enquête a été ouverte, et c'est des éléments de cette enquête qu'est résulté l'envoi en

Amérique de deux membres du Parlement pris parmi les députés d'opinion contraire, pour aller étudier la situation de l'agriculture aux États-Unis. Nous aurions voulu avoir le rapport, nous aurions pu y puiser des éléments précieux, car nos voisins travaillent toujours sérieusement dans les enquêtes parlementaires ; on y trouve tout ce qu'il y a de plus précieux comme documents ; mais le rapport n'est pas encore fait ; tout ce que nous avons vu se trouve dans des articles du journal le *Times* qui, toujours à l'affût de ce qui peut intéresser ses lecteurs, avait détaché quelques-uns de ses rédacteurs à la suite de l'enquête, et ces messieurs s'empressaient d'envoyer leurs impressions au journal. Il y a, à ce sujet, de très grands articles. Votre bureau a décidé qu'ils seraient traduits et analysés. Ce travail est en train, nous espérons qu'il sera fini avant la fin de la session et nous vous apporterons un rapport sur ce point.

A côté de ce qu'on nous rapporte de la situation américaine, au point de vue des céréales, il y avait à s'informer de ce qui se passe relativement aux bestiaux. Une délégation de notre société, lors de l'Exposition internationale d'agriculture, au mois de juin dernier, a été envoyée dans ce pays, chargée de s'inquiéter, de voir un peu ce que c'est que cette importation américaine en Angleterre. J'avais l'honneur d'en faire partie. J'ai vu ces arrivages de bœufs, de moutons ; je vous assure qu'ils arrivent vivants, dans un excellent état de santé. Les transporteurs prétendent même que les moutons s'engraissent à bord ; je n'oserais pas parler de leur qualité, mais enfin c'est leur prétention. Ce qu'il y a de certain, c'est que nous les avons vu affluer dans les ports de Londres et de Liverpool, dans des proportions considérables.

Voici le tableau des entrées de bestiaux en Angleterre :

De 1877 à 1879, la progression est toujours croissante par centaines de millions ; on ne peut pas

en soupçonner l'authenticité, il a été lu, samedi
dernier, à la tribune de la Chambre des députés,
par M. le ministre de l'Agriculture. A cette occa-
sion, M. le ministre a fait remarquer que cette
introduction des bestiaux américains avait en grande
partie supplanté l'exportation des animaux euro-
péens. Il y a longtemps que nous savions cela.
Voilà quelques années que notre exportation des
côtes normandes et de Bretagne pour l'Angleterre
est complètement arrêtée et celles de Hollande, du
Mecklembourg, du Danemarck sont en train de se
ralentir ; notre surplus, que nous envoyions là-bas,
maintenant, ce sont les produits de l'exportation
américaine qui en ont pris la place ; cette exportation, il est vrai, n'a pas encore pénétré chez nous,
mais n'est-ce donc rien que d'avoir été chassé des
marchés anglais par l'Amérique ! Demandez-le
aux habitants de Normandie : réduits à trouver
d'autres débouchés considérables pour leurs bestiaux, demandez-leur ce qu'ils en pensent. Il est
très certain que, pour l'exportation des bestiaux,
nous sommes chassés des marchés anglais.

Cette importation de l'Amérique viendra-t-elle
chez nous ? Nous avons bien quelque raison de
nous en préoccuper : Ces bestiaux, que nous avons
vus par centaines de mille, ils passent devant
Cherbourg, devant le Havre, devant Calais, devant
Boulogne pour entrer dans la Tamise ; le jour où
il leur plaira de se détourner de leur route pour
aller vers les côtes de France, que ferez-vous ? Ils
n'y sont pas encore venus, je le sais, mais c'est
comme un fleuve qui a son lit habituel: vienne un
débordement, et il se creuse un nouveau lit quand
il n'y a pas d'obstacle qui l'arrête ; eh bien, ce
nouveau lit est tout prêt et le fleuve y coulera au
premier jour où cela lui passera par la tête. (Vifs
applaudissements.)

Voilà ce que nous disent les faits qui se passent,
soit en Amérique, soit en Angleterre ; mais il se
passe, à nos portes, un autre phénomène : au

centre du continent se trouve un pays ayant presque les mêmes habitudes, presque la même culture et presque les mêmes intérêts que la France, je parle des intérêts économiques ; ce pays, c'est l'empire d'Allemagne ; il s'est passé, dans cet empire, un fait économique qui ne doit pas nous laisser indifférents ; cet empire, qui est gouverné par la plus vaste intelligence que l'histoire ait produite, cet empire a spontanément, dans le courant de l'année dernière, changé ses allures, ses traditions ; il en résulte toute une nouvelle législation économique en Allemagne.

Messieurs, ceci me rappelle une petite anecdote que voici :

Le traité de Francfort venait d'être signé, le plénipotentiaire français, le cœur gros, vous le pensez bien, prenait congé de M. de Bismark, qui lui dit : « Dans dix ans, vous serez libre-échangiste. » Le plénipotentiaire français, que vous connaissez, lui répondit : « Prince, dans dix ans, vous serez protectionniste ! » (Applaudissements unanimes.)

C'était le plénipotentiaire français qui avait raison ; malheureusement, il n'avait pas pu toujours avoir raison, mais enfin, la prédiction s'est réalisée ; cet homme de fer, comme l'Allemagne l'appelle, cet homme, non pas sous l'impression d'un coup de tête, a fait ce à quoi, depuis si longtemps, il se refusait : il est devenu protectionniste ; il l'est devenu avec éclat, il ne fait jamais les choses que de cette façon ; il a prononcé dans le Parlement d'Allemagne, deux discours que je recommande à votre attention. Nous avons bien le droit d'étudier ses paroles ; nous laissons aux diplomates le soin d'étudier son silence, ce qui est plus difficile.

Il n'y a pas d'arguments en faveur de l'agriculture, pas d'arguments puissants, avec cette tournure pittoresque qu'il sait leur donner, il n'y a pas d'arguments en faveur de l'agriculture qui ne se trouvent dans ces deux discours prononcés sur la production agricole, et que vous n'ayez tous lus. Je les recommande, ces discours, aux lectures, aux méditations de ceux qui ont à prendre le même parti. C'est sous l'impression de ces discours prononcés dans le Parlement allemand que l'agriculture a été placée à la tête des intérêts de l'Allemagne. (Très bien !)

Tâchons de placer notre agriculture à la tête des intérêts de France.

Messieurs, je continue l'étude des faits économiques qui se sont produits dans le courant de l'année dernière, et j'arrive à un dernier fait, qui est peut être un peu plus intime. Je dois dire que la grande préoccupation de la société des Agriculteurs de France, voulant resserrer les liens qui l'unissent avec tous les comices de France, et désireuse de savoir si elle était soutenue dans la voie où elle était entrée, cette voie qu'au début de la session d'aujourd'hui elle avait à soutenir de nouveau, notre société, dis-je, ayant à soutenir de nouveau la discussion, a voulu s'entourer de toutes les sociétés affiliées et en même temps de toutes celles qui, ne s'étant pas encore déclarées, voudraient marcher avec nous.

Vous savez qu'au mois de décembre dernier nous avons tenu une réunion de tous les délégués de ces sociétés. Cent cinquante ont répondu à notre appel. Voilà le dossier de cinquante-et-un départements, représentant cent cinquante sociétés.

Le plus grand nombre des sociétés a soutenu les actes de la commission. Sur ces cent cinquante sociétés il n'y a pas une voix discordante ; sept ou huit n'ont pas traité la question et nous ont envoyé des vœux sur d'autres questions. Remarquez que nous ne leur avions pas indiqué les questions spéciales à traiter, nous leur avions demandé le programme de toutes les questions qui pouvaient alimenter nos discussions. Parmi les cent cinquante sociétés, cent quarante-cinq ont demandé qu'on mît à la tête du programme cette question et sont venues soutenir les délibérations que nous avions prises ;

il y en a même quelques-unes, dans la Corrèze, qui ont pris le soin de faire appuyer par les conseils municipaux les délibérations qu'elles avaient prises.

Ces délibérations ont toutes pris une certaine tournure, une certaine formule, et comme nous sommes chargés par ces sociétés de soutenir leurs vœux, nous voulons adopter les formules présentées par la plûpart d'entre elles pour en faire un quatrième article, que nous soumettrons à vos délibérations, et nous le pouvons d'autant plus facilement que ces sociétés ont conservé les formules des vœux adoptés l'année dernière par plusieurs de ses sections. Voici donc quelle sera la formule de ce quatrième article :

« Qu'il soit établi un droit compensateur, repré-
» sentant la somme des impôts payés par les pro-
» duits de l'agriculture nationale. »

Vous savez, en effet, que c'est là la base principale de nos revendications. J'ajoute quelques mots pour bien préciser le sens et la portée de ce vœu ; j'y tiens d'autant plus que ce caractère spécial qu'il importe de donner à un tarif de douane ne me semble résulter ni du rapport présenté à la Chambre des Députés, ni d'aucun discours. En effet, quel est le principal caractère que doit avoir un tarif douanier ? C'est la contribution qu'il est juste et légitime de demander aux produits étrangers pour arriver à former une portion du budget de France (Très bien ! très bien !)

Ce point de vue est celui sur lequel nous devons insister. Que viennent-ils faire sur nos marchés ces produits étrangers ? Ils viennent, je le veux bien, pour satisfaire une partie de nos besoins auxquels nous ne pourrions pas suffire, voilà ce qu'on dit, mais ils y viennent surtout pour y trouver des bénéfices. Quand les Américains nous apportent leur blé ou d'autres produits, ce n'est que pour faire du commerce, réaliser des bénéfices et ils ont raison à leur point de vue ? Que viennent-ils chercher autre chose dans notre France ? chez cette nation civilisée par excellence, qui a de grands besoins, qui les a multipliés et, pour les satisfaire, a multiplié les travaux publics, les moyens de communication. Il y a aussi les besoins de l'esprit, ceux-là aussi ont besoin d'être satisfaits comme les besoins extérieurs (Très bien !)

Mais avec quoi aurez-vous fait cette civilisation? Au prix de quels sacrifices? Nous la maintenons au prix d'un budget de trois milliards. (Bravos !)

Il y a beaucoup de gens qui n'estiment un homme que par le nombre de mille livres de rente qu'il possède, eh bien, nous pouvons aussi estimer une nation, juger de sa puissance par le chiffre de son budget. La France a trois milliards de livres de rente ; il faut bien que quelqu'un les paie ; qui est-ce qui les paiera ? Nous les payons tous dans la proportion des bénéfices que nous tirons de cette civilisation et dans la proportion de notre fortune ; par conséquent, dans la proportion de l'intérêt que nous avons à maintenir cette civilisation.

Mais ceux qui viennent chez nous qu'y viennent-ils faire? Ils viennent user de notre civilisation; à Bordeaux, à Marseille, à Nantes ils viennent user de nos ports, de nos chemins de fer, de notre navigation, de nos routes, de nos chemins vicinaux ; jusque dans la plus petite commune l'étranger use du plus petit moulin pour moudre le blé qui vient d'Amérique. Dans ses allées et venues sur nos chemins, s'il éprouve quelque difficulté, il fait appel à la police que nous payons; s'il n'obtient pas raison devant ce premier magistrat, il fait appel à nos tribunaux que nous payons, enfin il use de toute notre civilisation et il ne paierait rien lui !

Nous sommes ici dans le cœur de l'économie politique. Qui est-ce qui doit payer le budget? Ce sont tous ceux qui en profitent. (Très bien ! c'est cela !)

Dans cette grande fête de la Consommation française, vous voulez établir un buffet américain, un buffet anglais, eh bien ! messieurs les Américains et

messieurs les Anglais payez votre entrée, payez
votre entrée, sinon nous ne mangerons pas à vos
buffets, mais seulement au banquet que nous aurons
préparé. (Très-bien!)

Léonce de Lavergne disait en 1860 qu'un droit
de 5 0[0 sur les produits étrangers n'avait rien
que de très légitime. Vo'ci son volume. Vous savez
que c'est lui qui a imaginé le mot des droits com-
pensateurs qui a fait fortune. Combien je regrette
qu'il ne soit plus ici, il défendrait avec une tout
autre autorité ces mêmes principes que je m'efforce
de faire pénétrer dans vos esprits, c'est-à-dire qu'il
les ferait entrer dans nos tarifs. (Rires.)

Mais s'il n'est plus là, nous pouvons dire que jusqu'à son dernier jour sa pensée a été avec nous
et vous vous rappelez ce que notre honorable président vous disait tout à l'heure ; sur son lit de
mort Léonce de Lavergne nous a envoyé le souvenir que vous savez ; c'est ainsi que les mourants
peuvent encourager les sociétés, quand ils ne peuvent plus les faire vivre par leurs paroles. (Applaudissements.)

Il était donc avec nous et il y est encore en di-
sant par son système de compensation qu'il est
juste, qu'il est logique, qu'il est nécessaire de demander à tous les produits étrangers de payer leur
place, leur entrée, s'ils désirent prendre part au banquet des marchés français. Cet impôt quel sera-t-
il ? Je vous disais qu'il devait être le même que
celui que nous payons.

Sommes-nous donc exigeants ? Je ne le crois pas,
et c'est justement parce que la formule que je vous
ai proposée pour ce quatrième article me paraît
répondre à tout ce que nous pouvons exiger, que
je vous ai demandé de vouloir l'ajouter, comme
le demandent aussi les cent cinquante sociétés qui
se sont jointes à nous.

Nous viendrons donc avec une grande force devant les pouvoirs publics lorsque nous leur dirons :
« Mais enfin, nous le payons ce budget, et Dieu

sait s'il est lourd! Si d'autres en profitent, qu'ils le paient aussi ; permettez-moi de le dire, c'est simple comme bonjour. Il n'y a pas de protection là dedans et si l'on venait nous dire que ce sont là des impôts étrangers, nous répondrions : Si vous voulez dire que ce soit là un impôt étranger, et qu'il n'en faut pas, il faudrait ajouter : Nous allons supprimer les nôtres...

Ah! si l'on nous disait cela! mais on a presque l'air de nous le dire ; permettez-moi de vous lire les dernières phrases du rapport sur l'agriculture. Les voici :

Le moyen le plus efficace de venir en aide à l'agriculture consisterait à diminuer les charges qui grèvent la propriété foncière et dont l'aggravation récente a rendu plus redoutable pour eux la concurrence étrangère.

Partant de cette idée, nos honorables collègues, MM. Caze, Danelle-Bernardin, Jametel et Guillemin, membres de la commission, ont déposé dans la séance du 7 décembre un projet de résolution ainsi conçu :

« Les soussignés proposent à la commission des douanes d'émettre le vœu suivant :

» Qu'en présence des nécessités de l'alimentation publique et de la difficulté de compenser pour l'agriculture française par des tarifs à l'importation les avantages que les produits étrangers tirent de l'entrée en franchise, les terres affectées à la culture soient dégrevées de 20 p. 100 de l'impôt foncier pendant trois ans.

» *Signé* : Caze, Danelle-Bernardin, Jametel, Guillemin. »

A ce vœu le rapporteur en a ajouté un autre qui tendrait à obtenir une réduction des droits qui frappent les mutations entre-vifs de biens, meubles et immeubles. Il a rappelé que ce vœu avait déjà été émis par la commission agricole de 1866 (séance des 15 et 20 février 1870, rapport de M. Josseau), et qu'il était d'autant mieux fondé aujourd'hui que, depuis cette époque, ces droits de mutation avaient été augmentés. La commission signale ces deux vœux à l'attention des Chambres avec l'espoir que satisfaction leur sera donnée dès que les ressources budgétaires le permettront.

En le faisant, le Gouvernement de la République accordera à l'agriculture l'aide et l'encouragement qu'elle réclame si légitimement pour soutenir la lutte contre la production étrangère et conserver à la France une industrie qui a fait sa richesse et sa prospérité.

Qu'on vienne un jour à la Chambre des députés proposer un projet de loi comprenant deux articles solidaires dont l'un serait la conséquence de l'autre; l'un diminuerait les droits qui frapperaient les produits étrangers; l'autre diminuerait dans une égale proportion l'impôt que paie la propriété foncière; le jour où un ministre proposerait cela, il soulèverait une explosion d'applaudissements telle qu'elle ferait crouler les voûtes du Palais-Bourbon. Nous n'en sommes pas là.

Il y a longtemps qu'on nous promet cela, nous ne voulons plus de promesses. (Approbations.)

La revue que je viens d'entreprendre de tous les faits économiques touche à sa fin. Nous nous trouvons maintenant non plus en face de faits extérieurs qu'il s'agit d'étudier, mais nous arrivons en face de l'enceinte parlementaire; là nous rencontrons deux courants contraires; le premier, c'est celui qui s'est manifesté dans le discours de M. le Ministre de l'agriculture, la semaine dernière. Sa théorie est bien simple; l'agriculture ne souffre pas. (Rires.)

« Vous croyez que vous êtes souffrant, mais c'est une erreur profonde, vous ne souffrez pas du tout. Ah! si vous souffriez, j'ai pour vous une telle sympathie, votre industrie est tellement la première de toutes, que ce n'est pas 5 francs, mais 10 francs, mais 20 francs de protection que je donnerais, mais vous ne souffrez pas! »

Tel est le résumé de la réponse qui nous a été faite. (Applaudissements, bruit, interruption.)

Messieurs, souffrons-nous ?

Nous pouvons dire : M. le ministre, vous avez consulté des hommes que vous croyez être les plus éclairés; vous avez écrit à ce sujet à la société nationale d'Agriculture.

La société que vous avez consultée a fait appel à ses correspondants. Ils ont répondu : « Oui, il y a souffrance. » La société n'a pas encore terminé son travail propre; mais, dès mercredi dernier, il a été déjà décidé qu'on mettrait dans cette réponse que dans la plupart des départements producteurs de céréales, la valeur des propriétés avait baissé, qu'elle n'avait monté que dans les pays d'herbage. (Bruit, interruption.)

Il y a ici beaucoup de personnes qui font partie de la Société qui a été consultée; est-il vrai qu'on a voté que la valeur de la propriété avait baissé dans les pays à céréales ?

Voilà ce qu'il faut établir. Cela trahit-il la prospérité ou la souffrance ? Quel est donc le signe le plus caractéristique de la prospérité dans un pays? C'est la hausse de la valeur des propriétés; de même, quel est le signe le plus caractéristique de la décadence ? C'est la baisse des propriétés, la valeur en effet est la conséquence du produit. La propriété monte-t-elle de prix, c'est que le produit augmente; ou bien la propriété baisse-t-elle de prix c'est que le produit diminue.

Or, si le produit diminue, c'est la souffrance pour les fermiers; c'est la souffrance pour l'ouvrier, car, en définitive, les salaires finissent toujours par monter ou par descendre proportionnellement aux produits de l'industrie. (Très bien! applaudissements.)

J'ai donc le droit de dire : Oui, nous souffrons !

Maintenant, messieurs, il ne faut pas nous plaindre trop : si M. le ministre a dit que nous ne souffrions pas, le rapport dit le contraire; écoutez :

« Votre commission a tout d'abord été unanime pour reconnaître l'état de souffrance de l'industrie agricole. Sans toutefois vouloir attribuer exclusivement à la concurrence étrangère le malaise actuel de l'agriculture, et tenant compte des causes

accidentelles qui viennent l'augmenter, elle a estimé
que les effets de la concurrence légitimaient, dans
une certaine mesure, les plaintes des agriculteurs. »

Voilà une appréciation dont il faut tenir compte.

Donc en face de cette négation absolue de M. le
ministre, il y a le résultat de l'enquête provoquée
par M. le ministre lui-même ; il y a les résolutions
de la Société d'Agriculture nationale qui déclare
que ces souffrances sont réelles ; il y a la déclaration
de la commission de la Chambre. Il faut donc
protéger l'agriculture.

Et à ce point de vue permettez-moi de vous
rappeler qu'au moment des réformes de 1860,
lorsqu'on les a appliquées à l'industrie, on a dit
qu'il existait en France un millier de petites forges
végétant péniblement, pauvres industries destinées
à tomber. C'était inévitable ; mais on acceptait ce
résultat ; vous savez qu'il n'en existe plus une seule
maintenant, mais à côté il s'est formé de grandes
industries comme le Creuzot, Fourchambaut et
quelques autres.

Eh bien, ce résultat qu'on a affronté vis-à-vis des
petites industries, est-ce que vous pouvez l'affronter
également vis-à-vis de la petite agriculture ? Cela
n'est pas possible, il y a là une masse de population qui vous domine, que vous devez respecter,
et tant pis pour ceux qui ne la respecteraient pas !
(Applaudissements.)

Mais il y a un autre courant, c'est celui de la
commission ; on dit : oui, l'agriculture souffre, donc
elle a besoin d'être protégée ; vous protégez tout
le monde, nous voulons qu'on la protège aussi ; et
alors, recherchant quelles sont les conditions pour
obtenir cette protection ; voici ce que disent les
rapporteurs :

Rapport de M. Malézieux.

« Dans la fixation des chiffres du tarif général,
notre commission s'est surtout préoccupée du travail
national ; et toujours une industrie lui a paru d'au-

tant plus intéressante qu'elle occupait un plus grand nombre d'ouvriers.

» L'importance des capitaux ne nous a pas non plus laissés indifférents.

» On n'a pas oublié les impôts, les patentes qui grèvent le travail industriel; les contributions indirectes sur les objets de consommation qui grèvent le travail de l'ouvrier et renchérissent la vie matérielle.

« L'ancienneté des industries a été portée également par nous en ligne de compte.

. . . .

» Avec cette base tout à la fois morale et économique, la majorité de votre commission n'avait pas trop à se préoccuper des distinctions subtiles à établir entre le producteur et le consommateur. S'il est vrai que les produits s'achètent avec les produits, c'est surtout le producteur qu'il faut favoriser. Le nombre est bien petit des consommateurs qui ne sont pas en même temps producteurs. Sans nul doute, le bas prix de toutes choses est désirable; mais si bas qu'il tombe, le prix est toujours d'autant plus difficile à atteindre que celui qui a besoin du produit gagne peu. »

Je crois que voilà des principes incontestables sur lesquels il serait difficile d'apporter une contradiction; mais à la suite de ce principe, il faut une conclusion.

Pour savoir si une industrie doit être protégée, il faut d'abord rechercher le nombre de bras qu'elle emploie.

Quelle est donc l'industrie qui emploie plus de bras que l'agriculture? Nous avons presque la moitié des bras de la France; donc, nous satisfaisons à la première condition.

Passons à la deuxième : Quelle est l'importance des capitaux engagés dans l'agriculture? Le nombre d'hectares livrés à l'industrie agricole est de 30 millions. C'est le chiffre de M. Léonce de Lavergne. Quel est le capital engagé par hectare?

Je ne vais pas vous parler comme un agriculteur du Nord, de Seine-et-Oise ou de Seine-et-Marne, qui engage 1,000 francs par hectare, quelquefois même plus. Je ne parlerai pas de la grande généralité des fermes moyennes qui engagent 500 francs. Il y a beaucoup de petites propriétés pour lesquelles il faut descendre plus bas. Bien des économistes descendent à 300 francs par hectare. Les pessimistes descendent même à 200 francs. Prenons ces chiffres de 200 ou 300 francs, si vous le voulez bien ; vous aurez, dans ces conditions, 6 ou 9 milliards engagés dans l'agriculture. Trouvez donc une autre industrie dont le capital engagé puisse être évalué à cette somme.

Plusieurs membres : Il y a aussi la valeur foncière du sol...

M. Marc de Haut : Je ne parle que du capital engagé pour l'exploitation. Sans doute, il y a aussi la valeur du sol ; il y a aussi le travail lui-même. Mais il ne faut pas avoir trop raison, il suffit d'avoir seulement raison. Je dis donc qu'il y a un capital de 6 à 9 milliards engagé dans l'industrie agricole, en dehors de la propriété foncière.

Les observations des interrupteurs me prouvent que je suis resté plutôt au-dessous du chiffre réel et que j'ai été bien raisonnable ; j'ai voulu qu'il en fût ainsi pour ne donner prise à aucune contradiction.

La troisième condition, dit le rapporteur, c'est de rechercher les impôts que paie l'industrie qui demande à être protégée, qui paie plus que l'agriculture et le sol. Je n'insiste pas sur ce point : il y a des douleurs sur lesquelles il faut jeter le voile.

Il faut tenir compte de l'ancienneté.

Notre industrie est vieille comme le monde ; c'est nous qui avons créé toutes les autres, et c'est même parce que nous les faisons vivre que tous nos produits sont trop souvent présentés comme matière première, et nous-mêmes aussi presque comme une matière première. (Rires.)

Eh bien, puisque toutes les conditions pour obtenir une protection sont réunies par l'agriculture, elles doivent nous amener la bienveillance du législateur ; quand je dis bienveillance, je me trompe, je dois dire sa justice. (Très bien !)

Examinons donc ce que nous avons obtenu ; on ne peut le mettre en comparaison avec ce qui est le partage des autres industries. Toujours on arrive à ces grands mots : « Il faut maintenir la vie à bon marché ! »

Oui, il faut la vie à bon marché, je le veux bien, mais êtes-vous jamais parvenus à la donner ? Voilà vingt ans qu'on nous dit que toutes les combinaisons auxquelles se livrent les cervelles administratives ont pour but d'arriver à la vie à bon marché ! (Rires.)

Jamais la vie n'a été p'us chère, et, messieurs, pourquoi ? C'est par l'application de cette loi économique à laquelle personne ne pourra jamais échapper, c'est-à-dire que dans un temps donné les valeurs des produits arrivent toujours à s'équilibrer dans un pays. Si le loyer est cher, si la main-d'œuvre est chère, si les plaisirs sont chers, si tout est cher, la vie sera chère aussi, et nous en voyons la preuve ; mais est-il convenable que dans le monde économique il y ait certaines denrées qui puissent prendre librement l'essor de leur prix et qu'il y en ait d'autres qui soient toujours comprimées dans certaines limites ?

Je dis que cela n'est pas juste, et que pour ceux qui travaillent il faut laisser à tous la même liberté d'expansion ; c'est là qu'est la justice, et lorsque nous demandons d'être traités de la même façon que toutes les autres industries, nous ne réclamons que la justice. (C'est vrai !)

On a voulu faire la vie à bon marché, on n'a pas réussi. Savez-vous où la vie est à bon marché ? C'est dans les pays pauvres ; dans les pays riches elle est toujours chère : c'est une loi économique absolue, qui triomphe de tout, même des volontés législatives.

On a tout fait pour nous donner la vie à bon marché ; nous producteurs, nous en avons souffert et le consommateur n'y a rien gagné. Et quand nous venons demander aux législateurs un léger droit sur la viande, ils nous disent : « Mais, pour la viande, nous payons dé,à beaucoup ! Savez-vous ce que m'a coûté la côtelette que ma cuisinière m'a servie ce matin ? C'est très cher ! »

Certainement c'est très cher, mais savez-vous ce que cette côtelette a rapporté à tous les intermédiaires de qui vous la tenez, et celui qui achète l'animal dans la ferme, et le chevillard, et le boucher avec sa boutique ornée de glaces et de dorures, et enfin votre cuisinière qui fait danser l'anse du panier. Vous ne connaissez que le prix porté sur votre livre de cuisine. Mais quel est le prix qui entre dans la bourse du producteur ? Non, ce sont les intermédiaires qui mangent tout ; de sorte que, d'un côté, vous avez commis une injustice et, d'autre part, vous n'avez pas satisfait votre désir de vie à bon marché. Voilà la vérité.

Voyons ce que nous offre le rapport sur les céréales ! On en choisit deux : les maïs et les avoines, sur lesquels on met un droit de 1 fr. 50 c. ; rien sur les blés ; n'en parlons pas. Rien sur l'orge, et pourquoi ? C'est qu'à côté il y a une industrie qui est la brasserie, et toutes les fois que vous vous trouverez en présence d'une autre industrie, vous serez toujours le second.

Passons aux animaux : On nous accorde 6 francs par bœuf, 1 fr. 50 c. par mouton, etc., chiffres dérisoires.

On nous dit que le prix de la viande s'est élevé considérablement. Savez-vous pourquoi ?

Autrefois, le prix du kilogramme de viande, chez le boucher, ressemblait au prix de la viande prise dans la prairie ; d'où est la différence aujourd'hui ?

Elle est dans ce qu'on appelle le cinquième quartier, c'est lui qui constituait autrefois le bénéfice du boucher ; lorsqu'on l'a privé de ce bénéfice, il l'a pris dans une augmentation du prix de la viande et vous ne ferez redescendre le prix de la viande que le jour où vous aurez rendu au boucher son bénéfice, c'est-à-dire son cinquième quartier, c'est-à-dire la peau, le suif, la corne, tout ce qui n'est pas viande. Tous ces objets, aujourd'hui non protégés, ont perdu toute leur valeur.

Dans le nouveau projet, on propose un droit de 6 francs sur les peaux et de 6 francs sur graisses non comestibles. Le rapporteur reconnaît lui-même que c'est insuffisant ; mais, dit-il, il y a l'industrie des tanneurs, donc, presque rien sur les peaux : vous demandez qu'on frappe sur les suifs, mais il y a l'industrie de la chandelle ; il faut baisser pavillon devant la chandelle !

Cependant, rendons justice au rapport, nous y trouvons un point sur lequel je vous demande la permission d'appeler votre attention ; car, ce point, à notre avis, a une importance suprême, le voici :

« La commission voulant accorder à l'agriculture une autre satisfaction qu'elle a vivement réclamée, la commission émet le vœu que le Gouvernement laisse en dehors des traités de commerce les blés et les bestiaux, afin de conserver pour ces produits toute liberté de tarification dans l'avenir. »

Ceci est capital. Nous reconnaissons, comme je le disais, que nous sommes en face d'un immense inconnu, c'est l'Amérique ; nous en avons peur ; je sais bien que quelques-uns n'ont pas peur..... qui a raison ? l'avenir le dira.

Je crois, néanmoins, que ces craintes sont assez justifiées pour motiver votre défiance, on ne peut nier qu'il y a là, suspendu sur nos têtes un de ces orages possibles, terribles, comme en annoncent quelquefois des dépêches télégraphiques ; au bout de quelques jours, nous les voyons crever sur notre continent ; il peut se faire qu'ils ne viennent pas chez vous, mais je crois que la commission a fait une chose très sensée dont nous la remercions, c'est d'avoir émis le vœu que, quels que soient les traités de commerce à proroger ou à conclure dans l'avenir, les produits agricoles restent complètement en dehors de ces traités. Nous demandons qu'on ajoute au vote que nous allons vous soumettre, que le tarif des produits agricoles sera laissé tout à fait en dehors de tous les traités de commerce.

Un membre : C'est le couronnement de l'œuvre.

M. Marc de Haut : J'ai fini, nous n'avons plus qu'un vœu à ajouter, c'est qu'il se trouve dans le sein des pouvoirs législatifs, des voix autorisées qui nous soutiennent, des voix qui puissent dire que l'agriculture de France c'est le droit, c'est la force, le nombre et la raison.

Les agriculteurs font des demandes modérées qui peuvent être accedtées. Espérons que des voix se trouveront dans le Parlement pour les défendre ; espérons qu'il y aura une majorité pour les entendre et pour les accueillir. (Applaudissements unanimes et répétés.)

A la suite du rapport de M. de Haut, une discussion s'est ouverte à laquelle ont pris part MM. le comte de Roys, Pouyer-Quartier, de Sonneville, de Monicault, E. Raoul-Duval, le comte de Moustier, etc., etc. L'assemblée des agriculteurs de France a voté les résolutions suivantes :

1° Que dans le tarif général des Douanes à intervenir, les intérêts de l'agriculture et de l'industrie soient réglés en vertu des mêmes principes ;

2° Que tous les produits agricoles étrangers ayant des similaires dans l'agriculture française, soient soumis à un droit compensateur qui ne soit pas inférieur à 10 0/0 ;

3° Que s'il intervient des traités de commerce, la réciprocité en soit la base ;

4° La Société prend acte, avec reconnaissance, du vœu émis par la commission parlementaire du tarif général des Douanes que les produits agricoles restent en dehors de tout traité de commerce.

Une commission spéciale a été aussitôt nommée par le Conseil, pour porter les vœux qui précèdent et pour les soutenir devant les pouvoirs publics.

Cette commission a été reçue par M. le président de la République et par le ministre de l'Agriculture et du Commerce, le lundi 9 février.

IMPRIMERIE CENTRALE DES CHEMINS DE FER. — A. CHAIX ET Cⁱᵉ,
RUE BERGÈRE, 20, A PARIS. — 4054-0.

PARIS, 20, rue Bergère, PARIS

GAZETTE AGRICOLE

JOURNAL HEBDOMADAIRE
Politique, agricole et commercial
PARAISSANT TOUS LES DIMANCHES

La **GAZETTE AGRICOLE** est dirigé par une réunion de propriétaires ruraux et d'agronomes.

Elle publie dans chaque numéro une *Chronique* des événements de la semaine, indiquant jour par jour les faits les plus importants de l'intérieur et de l'étranger.

Les **Actes officiels et administratifs** intéressant l'agriculture.

Une **Question agricole**.

Le **Compte rendu des concours, comices**, etc., tenus pendant la semaine.

Une **Semaine météorologique** résumant les renseignements transmis par l'Observatoire national et le bureau météorologique, et faisant connaître les prévisions de la météorologie pour la semaine suivante ;

Une **Revue des Halles et Marchés** fort complète ;

Sous des titres distincts :

Les **Conseils du Médecin de campagne**,

Les **Conseils du Vétérinaire**,

Les **Conseils de la Ménagère**,

Les **Conseils d'un vieux juge de paix**,

Enfin les **Conseils du père de famille**, donnant l'indication des placements qui conviennent à l'épargne, et des renseignements sur les mouvements des valeurs de Bourse.

Le prix de ce journal est fixé à **5 francs** par an.

On s'abonne par l'envoi d'un mandat-poste ou dans tous les bureaux de poste de France.

Pour tous renseignements :
S'adresser à l'Administration de la GAZETTE AGRICOLE,
20, rue Bergère, à Paris.